Eva-Naissance

Recueil

© 2022 Lylia NEZAR

Édition : BoD – Books on Demand, info@bod.fr

Impression : BoD – Books on Demand, In de Tarpen 42,

Norderstedt (Allemagne)

Impression à la demande

Illustration : BoD

ISBN : 978-2-3223-9330-5

Dépôt légal : Juillet 2022 – 2ème Edition

Lylia NEZAR

Eva-Naissance

A mes enfants Alexandre et Sarah

Avant-propos

Qui est le poète ?

Le poète est avant tout celui qui ressent, c'est celui dont la chair est écorchée et qui doit apprendre à vivre en cachant ses plaies
C'est celui dont les sens sont exacerbés, il entend plus fort, il ressent plus intensément, il voit les détails qui font la différence
Le poète est celui qui est en perpétuel questionnement, celui qui ne trouve pas de réponse et même quand il tient une ébauche, elle ne le satisfait pas
Le poète est celui qui veut sonder l'âme dans tout ce qu'elle a de céleste mais surtout dans tout ce qu'elle a d'humain
Car, c'est là le drame du poète, L'humanité
Et c'est là aussi son salut !
Le poète est le magicien des mots, qu'il croise, plie, dompte de sa volonté, ces mots qui parfois résonnent et parfois trouvent écho
Le poète est témoin de son temps, de son environnement, souvent même de sa vie, qu'il regarde défiler en respectant une distance raisonnable

Cette distance qui lui permet de ne pas s'engluer, de ne pas sombrer dans le quotidien et sa pléthore de compromissions
Le poète est le dissident, le divergeant
Celui qui ose, qui s'habille de résistance, qui rêve et qui veut élever l'autre à sa démesure
Le poète est un violon dont l'âme amplifie les vibrations de l'univers

Lylia NEZAR

La femme est un rayon de la lumière divine

Rûmi, Poète et mystique XIIIe siècle

Je me présente

À ceux qui me demandent qui je suis
Je réponds, je suis une femme à la langue bien pendue
Poète à mes vers perdus
Travailleuse du mot qui chatouille
Parfois, quelques phrases qui dérouillent
J'essaie de cultiver l'amour
En espérant éviter le chagrin d'humour
Le verbe et son voisin le complément
De tendresse directe
Je dresse le sujet, qui toujours objecte
À dix doigts je tresse
Le fil de soie avec adresse
Et je brandis cinq doigts superstitieux
Et le doigt dans l'œil, rieuse
Œil pour œil la loi du talion
Je prends mon dû et je me tire comme Cendrillon
Belle et rebelle et puis je râle

C'est le baratin qui m'emballe
Et toi prince charmant, prends garde à ma déballe
Je suis charmeuse de rimes
Deux battements de cils et tu trimes
Pour l'un de mes regards, tu déprimes
Tu te la joues et me chagrine
Moi, je me prends pour la grande Catherine
Pas besoin de limousine
Je sème le sentiment et je déracine
Les virgules et les interjections sibyllines
Je chasse les épouses et les concubines
Dans tes rêves dosés à la caféine
Je suis addictive comme la cocaïne
De la toile pas nette, je suis l'héroïne
Eh bien voilà vous en savez beaucoup
Sur mes qualités mais surtout sur mes défauts
Alors j'espère qu'avec mes calembours
Empêcher toutes vos velléités et détours.

A toi

À toi, pour les années à venir
A moi et mes espoirs en devenir
À lui, pour la santé et l'avenir
À elle pour la romance et les soupirs

À nous, les histoires à finir
À vous, où que vous veuillez partir
A eux et leurs volontés de réussir
À elles, ils et tous les secrets et murmures

À nos années passées sans réfléchir
Aux mille et une merveilles à chérir
À chaque instant de silence à bannir
À chaque rêve qui nous fait courir

À nos amours freudiennes
À nos larmes diluviennes
À toutes les promesses qui nous tiennent
À l'espoir, pour qu'il revienne

À toi, qui lit, qui chante
À moi et mes lendemains qui déchantent
À vous qui traversez les pentes
À elles, ils et la jeunesse qui disjoncte

À l'aube qui chaque jour
Apporte l'espoir du retour
Au crépuscule de la vie
Qui recommence et qui jaillit

À la ritournelle des passants
Des pays à feu et à sang
À ce regard perdu d'enfants
D'un destin qu'on appelle... Migrant

Lagrimas Negras[1]

Tombez mes larmes
Pour tous les vestiges du passé
Tombez mes larmes
Pour tous les souvenirs enfouis

Tombez mes larmes
Pour toutes ces femmes battues
Tombez mes larmes
Pour ces fillettes excisées

Tombez mes larmes
Pour ces écoles désertées
Tombez mes larmes
Pour tous les livres profanés

---

[1] Les larmes noires

Tombez mes larmes
Pour tous les hommes exilés
Tombez mes larmes
Pour tous les garçons armés

Tombez mes larmes
Pour elle, toi et moi
Tombez mes larmes
Pour lui, nous et nos émois

Tombez mes larmes
Et irriguez l'avenir
Tomber mes larmes
Pour tous ces êtres en devenir

Tombez mes larmes
Pour toutes les offenses
Tombez mes larmes
Pour les migrants en partance

Tombez mes larmes
Comme armes de défenses
Tombez mes larmes
Et éveillez les consciences

Tombez mes larmes
Pour toutes les mères qui pleurent
Tombez mes larmes
Pour nos enfants qui meurent

Tombez mes larmes
Et rejoignez l'océan, la mer
Tombez mes larmes
Et irriguez la terre

Dérive

J'ai vu un gilet rouge
Drainé par la mer
Quels malheurs vient-il raconter ?
C'est l'histoire, d'une jeunesse embarquée
Dans un radeau de naufrage
Le palpitant battant, prenant le large
Portant sur le dos leur mal au ventre
Et dans le cœur, une vie à vendre
Les larmes qui ruissellent
À rejoindre la mer
Ils ont bravé la mort
Sourds aux cris de leurs mères
Les vagues les bercent
Et au dé décident de leurs sorts
À la roulette se joue leur vie ou leur mort
Celui-là ne reviendra plus
L'autre a trouvé un port

J'ai vu un gilet rouge

Jeté, usé au rivage

Qui raconte une humanité

Prise en otage

Des rêves à chercher

À la ligne d'horizon

Ils sont partis

Ils n'étaient que des enfants !

Apesanteur

La tête dans les nuages
Et les rêves qui galopent en pâturage
L'imagination lâche la bride
Et les souvenirs, droit devant, comme un guide

Arcs en ciel et stratus
Étoiles filantes et Sirius
La voie lactée en terrain de jeu
Le cœur ardent, toujours amoureux

Là-haut, tout est bleu
Ciel, rêves et parbleu !
Ça guérit l'âme et les sens
Et mille songes en instance

J'ai la tête dans les nuages
Rouge, jaune et vermeil
Je me sauve de la terre, du naufrage
Et je rejoins le pays des merveilles.

Chant d'automne

C'est l'automne

Cette saison triste

Et monotone

Qui habille de gris

Mes jours et mes nuits

Je suis la feuille morte

Qui tombe et qui virevolte

Balayée par le vent

Malmenée par la vie et le temps

Je suis cette feuille triste

Qui vacille comme un funambule

Sur le fil du rasoir, déambule

Habillée d'orange

Qui alerte et dérange

Je suis la fille de l'arbre

Qui résiste et se délabre

Me rappelle le futile

De ma vie inutile

Jadis sous le soleil
Habillée de vert et de vermeil
J'exhalais ma beauté
Incroyable vitalité
Défiant le soleil
Mes amies lianes
S'élevant au ciel
Dans une symphonie céleste
Chantent ma chute
En Requiem funeste
C'est fou ce qu'elle était belle
Sa beauté, sa légèreté
Couleur et majesté
Elle se croyait éternelle
Mais le temps assassin
À ses rêves a mis fin

Feuille, Repose en paix
Au pied du chêne
Ta vie s'achève en poème
L'automne est une saison triste
C'est aussi la vie des artistes

L'été

Un jour le printemps jaloux se confia à l'été
Pourquoi tes jours sont beaux et tant attendus ?
Pourtant je suis l'éclosion, le soleil sur la vallée
Je sème la joie et éloigne les idées tordues

Je suis la saison des hirondelles
La saison de la vie et de l'éveil
La beauté des fleurs et des tourterelles
La saison des rêves et des écureuils

L'été sourit gentiment
Nul besoin d'arguments
Il connait pertinemment
La rancœur des saisons

Automne, hiver et printemps
N'ont jamais voulu céder leur place
Alors, ils provoquent et agacent
Cette saison symbole de beau temps

Je suis une saison chaleureuse
Mes nuits s'étendent langoureuses
Les belles, telles des épis de blé
Allongées louent l'été

C'est la saison pour se réjouir
Veiller, penser et se dévêtir
Nul besoin de fausse pudeur
Les mariages et les espoirs de bonheur

Je suis apprécié des belles
Cheveux aux vents et bikinis
Maillots de bain sans bretelles
Peaux dorées et corps rajeunis

Je suis la saison des semailles
Des vendanges et des retrouvailles
Et je tiens vaille que vaille
Aux jeux d'amour, remporter la bataille.

La mer

La mer à vagues

A toujours su parler

À mon vague à l'âme

Et les souvenirs qui voguent

Sur la galère d'un soliloque

Interpellent le présent

Cadeau inespéré de la vie

Il est là le temps

Qui, à contre-courant

Me convoque

De vibration en altération

Des … va et vient

De …

Loin en loin

Mon âme vagabonde

La mer à vagues

Me ramène à mes pensées

Qui divaguent

La houle absorbe

Mes colères et mes soupirs

Et aspirent la foule

De mon âme en délire

La mer est vague

L'horizon lointain

Inatteignable limite

De mes pensées en stalactites

L'embrun les habille de nostalgie

De rimes et de symphonies

Des notes élevées en requiem

S'en vont mourir en rhapsodie

La mer est vague

Mon âme

Trime… trame

Va et vient

Rendez-vous à la Madrague

Pour assouvir les rêves d'antan

Enterrés par l'obsolescence

Les martyrs du temps

Relents de l'enfance

La mer- patrie

Le bleu à l'âme

Que le phare luit

Et éclaire mes drames

La mer opale

Couvre le temps de percale

M'emmène loin

Des rives et des recoins

Sombres…De mon âme…En dérive

Et la mer

Et mon âme

En duo infernal

De remous incessants

De la vie, fatale

Qui se joue, ressassant

Mes pensées en rafale

Et la mer

Et l'orage

Qui gronde et saccage

Mes certitudes insensées

Que la vie est un naufrage.

Mots indisciplinés

Je me bats tout le temps
Avec les mots dans ma tête
Parfois, c'est eux qui gagnent
Ils sont libres et répondent souvent :
Ne nous nous prends pas pour des sots
Nous aurons le dernier mot

Alors, quand je dis : JE
Loin de le prendre comme un jeu
Mécontents, ils se révoltent
Pas de JE, répondent-ils, c'est NOUS
C'est le pluriel qui l'emporte
L'emporte, d'accord mais où ?
Tu veux savoir ? viens alors
Perdant mon haleine, dehors
Suis-nous et fournis un effort

Libère nous et tu trouveras réconfort
Car, chaque mots tus
Est une cause perdue
Peine, rage et inconfort
Et chaque mot, crié, hurlé
Te rends, digne et beaucoup plus fort

Mais moi, je veux des mots disciplinés !

En rang, bien droits, bien alignés
Sans regrets, ni remords
Ma grammaire est récalcitrante
Elle fait la tête, elle est marrante
Elle mélange tout
Sujet, verbe et conjonction
Points de suspension et d'insubordination
Pour mon âme fainéante
Des points, encore, mais d'exclamation !

Tout se mélange méli-mélo
Le sujet et le verbe se barrent en duo
Fini l'orthographe et la conjugaison
Le conditionnel n'a plus de raisons
Le futur antérieur s'est tu par objection
L'imparfait est donc suffisant

Mais où est donc Ornicar ?
Personne ne l'a jamais su
Il a peut-être pris l'autocar
Il a peut-être sauvé sa vertu
Se demande l'inquisition de l'indicatif
Aucune importance, s'écrie le substantif
C'était mieux avant se lamente le subjonctif
Mon mode était la classe, mondain lascif
Demandez au démonstratif
Les érudits me conjuguaient au passé
récapitulatif

Je suis le mode de l'excellence
Pour exprimer leur arrogance
C'est là que le présent
Se lève discrètement
Devant cette chahuteuse assistance
Et dis nonchalamment et avec prestance :

« Devant la vie en pâmoison
Happée par la conjugaison
Je suis, tu es, nous sommes
C'est maintenant ou jamais
Et quoiqu'on vous nomme
Vous restez tous mes obligés »

Portrait Chinois

Si j'étais la Terre
Je serais Terre Brûlée
Si j'étais la Mer
Je serais Méditerranée
Si j'étais Soleil
Je serais de Minuit
Si j'étais Étoile
Je serais de Berger
Si j'étais la Vie
Je serais celle de Rêves
Si j'étais l'Ennui
Je ne laisserais aucune trêve

Si j'étais l'Amour
Je serais l'Amour Fou
Si j'étais Perverse
Je maintiendrais le Flou
Si j'étais Passion
Je serais Torride
Si j'étais Sahara
Je serais le Guide

Si j'étais Avenir
Je serais l'Horizon
Si j'étais Départ
Je serais sans Retour
Si j'étais Vertu
Je serais Innocence
Si j'étais Perdue
Je retrouverais l'Enfance

Si j'étais Rivière

Je serais tous mes Rus

Si j'étais Fontaine

Je serais de Jouvence

Si j'étais Dilemme

Je serais l'Impatience

Si j'étais le Vent

Je serais l'Insouciance

Si j'étais Oisiveté

Je serais tous les Vices

Si j'étais Bonheur

Je serais sans Artifice

Si j'étais Montagne

J'irais à la Rencontre

Si j'étais Câline

Je serais serrée tout Contre

Si j'étais le Haut
Je serais Celle qui Toise
Si j'étais une Pierre
Je serais une Ardoise
Si j'étais Fantôme
Je serais le Passé

Si j'étais une Ruse
Je serais le Mariage
Si j'étais une Muse
Je serai Noir Soulages[2]
Si j'étais Espoir
Je serais un Mirage
Si j'étais Merveille
Je serais la huitième

---

[2]Pierre Soulages : peintre et graveur français

Si j'étais un Livre
Je serais un Recueil
Si j'étais Ivre
Je serais un Bateau
Si j'étais Méduse
Je serais un Radeau

Si j'étais Spleen
Je serais Fatal
Si j'étais une Fleur
Je serais Celle du Mal
Si j'étais un Mont
Je serais de Vénus
Si j'étais Sacrée
Je serais un Lotus

Si j'étais Poésie

Je serais Invictus[3]

Si j'étais Attente

Je serais Quai de Gare

Si j'étais Jeunesse

Je serais un Rencard

Si j'étais Envie

Je serais une Robe Rouge

Si j'étais ma Mie

Je ferais que ça Bouge

Si j'étais Miroir

Je serais aux Alouettes

Si j'étais Amitié

Je serais sûrement Chouette

---

[3]Invictus : poème écrit par le britannique William Ernest Henley (1849-1903)

Si j'étais la Mort
Je serais celle de L'Âme
Si j'étais Remords
Je ne serais pas un Drame
Si j'étais Précocité
Je serais Demain
Si j'étais Atrocité
Je serais l'Humain.

Définition

Je suis une femme qui rit
Une femme qui chante
Une femme qui lit
Une muse lunatique et changeante

Je suis une fleur
Aux épines acérées
Que j'ai forgé de mes peines
De chaque larme de ma canopée

Je suis vénéneuse
Sauvage, jalouse quand je suis amoureuse
Je suis une rêveuse
Impitoyable mante religieuse

Je suis le mal
Femme fatale
Passion brutale
Fougueuse et sentimentale

Je suis la vie
Le rouge sang m'habille
L'extrême me définit
Je dévore et j'éblouis

Je suis une femme rebelle
Forte et charnelle
Fragile jouvencelle
De blanc, parée de dentelle

Je suis un ange
Qui préfère la damnation aux louanges
Tantôt fidèle, tantôt tentatrice
Je suis la reine des abysses.

Regards

On dit que le regard est le miroir de l'âme
Voyons voir si la rime, rame

Il y a des regards qui charment,
Il y a des regards qui bousculent
Il y a des regards qui sondent
Et il y a des regards qui vagabondent

Et qui accrochent d'autres regards…

Il y a des regards de bienveillance
Et il y a des regards de connivence
Il y a des regards présence
Et il y a des regards indulgence

Il y a le regard malin et le regard serein
Il y des regards promesses
Et des regards détresse
Et des regards sans lendemains

Il y a un regard qui insiste
Et un regard qui résiste

Il y a le regard fureur et le regard ardeur
Il y a des regards pardon et le regard passion
Il y a le regard concupiscent
Et il y le regard de l'amant

Il y a le regard de l'autre
Et le regard invitation
Il y a des regards que l'on baisse
Et il y a des regards déclarations

Il y a le regard qui tue
Et le regard envie
Il y a les yeux Revolver
Et parfois des yeux ennemis

Il y a les yeux dans les yeux
Et des yeux voyageurs
Il y a toi et moi
Et l'espoir du bonheur

Le père

Hommage à mon père

Il était là au pas de la porte
Ses cheveux gris, en désordre
Son visage habillé d'un sourire
Il était comme en attente
Impatient, ravalant ses soupirs

Tous ses enfants ont grandi
Il n'est plus le magicien, le fakir
Qui s'échine jour et nuit
A les aimer, à les faire rire

Quelques rides se sont installées sur le front
Lignes de vie et regard franc
Seule une larme vivait au fond de ses yeux
En souvenirs des jours heureux

Il me laissait devant la porte
Parce que partir, c'est aussi grandir
Être un papa, ça se supporte
Laisser partir, c'est le martyr

A chaque année, c'est la révolte
Mes enfants doivent revenir !
Trainant savates et que virevolte
L'amour à la joie prête main-forte

L'amour d'un père est un cadeau
Dont seules les années donnent la valeur
C'est debout, seul, devant son tombeau
Que l'on compte les années de bonheur.

Femme

Femme ne t'es pas une pute
Ton corps un lupanar
Que l'ignare
Saccage à coups
De butoir
Sépulture de ses vices
Subissant ses sévices

Femme
Ravale tes larmes
Longtemps retenues
Que tu recraches
En soumission
Quand l'autre
Te tourne en dérision
Ton âme profanée

Femme

Lève le poing

Pour te défendre

Quand les loups

Vont trop loin

La violence même tue

Tue…

À coups de bleus

À balles perdues

Femme

Tu n'es point

Une moitié

Que l'on cache

Une petite fille

Sans linceul, enterrée

Une servante

Bradée, vendue

Dressée à la cravache

Femme
Ton corps t'appartient
Forteresse féconde
Tes fils, tes ennemis
T'ont longtemps sali
Montre ta colère
Qui gronde

Femme
Leur honneur n'est jamais
Entre tes cuisses
Qu'ils aiment bien grasses
Les soirs de grands froids
Qu'ils écartent sans douceur
Pour y déverser toutes leurs … Rancœurs

Femme

Redresse ton port de reine

Tu es la matrice

La créatrice

L'abondance

Deux doigts en V

Fini le déni et l'errance

Vis, existe, ris

Défi Suprême

À leur arrogance !

Féminine plurielle

Je suis le sujet

Mais je refuse d'être l'objet

Je suis l'origine du monde

Pas celui de Courbet[4]

Gustave l'a trop résumé

Je suis l'âme vagabonde

Je suis la femme et la liberté

Je suis le verbe

Qui aime et réconforte

Je suis douce et acerbe

Parfois faible mais souvent très forte

Je suis le complément de la vie

La mienne et celle d'autrui

Je suis le charme et j'éblouis

---

[4]Gustave Courbet : peintre et sculpteur français (1819-1877)

De la douceur, je suis le fruit
Convoitée et souvent défendue
Je suis la tentatrice
Ève, qui Chuchote, sans bruit
Je suis l'énigme, source d'envie
Je suis la détentrice
Des secrets de la vie

Je suis la terre
Qui porte et qui nourrit
Je suis le vent qui emporte
Je suis la brise qui adoucit
Je suis le soleil qui déporte
Le regard aux cils affûtés

Je suis la bouche qui murmure
Je suis le son qui susurre
Des mots magiques, incarnés
Je suis la magicienne, l'artisane
Je suis la cartomancienne, la courtisane

Je suis le rosier qui s'incline
Je suis l'arc-en-ciel qui décline
Je suis aujourd'hui et toujours
Je suis la source de l'amour.

Joueuse

Dans mon royaume
C'est moi la reine
Auprès de mon roi
C'est mon amour qui fait foi

Parfois je suis capricieuse
Sibylline et joueuse
Quand je me reflète dans ses yeux
Je sais qu'il est amoureux

Je veux et exige
Fidélité et prestige
Son cœur est à moi
Exclusive, je fais ma loi

L'amour est mon terrain de jeux
Je lui dessine des rêves fabuleux
Exotiques et romantiques
Dans notre monde merveilleux

Il se défend, parfois
Résiste à mes avances
Fier soldat
Il n'aime pas les romances

Et je doute
Malheureuse, je redoute
La distance qui nous sépare
Qui annonce son départ

Je reste silencieuse

Quelques larmes douloureuses

En attendant la fin de l'orage

Je rêve de ses outrages

Il sourit et en redemande

De mon âme vagabonde

Il a ce côté canaille

Qui sublime nos ripailles

Ce jeu peut durer longtemps

Jeu de mains

Quand on est vilains

Ses doigts tirent à bout portant

La douceur s'invite, parfois
Et se faufile au bout de nos doigts
Ce contact épidermique
À chaque baiser devient magique

La séduction est mutuelle
Les mots, les gestes, nos rituels
Nul ne cède un millimètre
Encore et encore, à nous promettre

Dans mon royaume
C'est lui l'élu
Que la vie me raisonne
Au premier regard, il m'a plu

Antidote

Je suis le vent

Tu es la brise

Je suis ombre

Tu es soleil

Je suis le ciel

Tu es la terre

Je suis l'arbre

Tu es la fleur

Je suis chagrin

Tu es douceur

Je suis excès

Tu es ferveur

Je suis fureur

Tu es lumière

Je suis un bout

Tu es mon tout

Je suis imparfait

Tu es regrets

Je suis le doute

Tu es la mie

Je suis le bruit

Tu es symphonie

Je suis le feu

Tu es la flamme

Je suis l'enjeu

Tu es la femme

Je suis parfois

Tu es toujours

Poème-Papillon

Dans le noir et l'étroit de ma chrysalide
Serrée, apeurée et stupide
Hier ver à soie, fière chenille
Me rêvant repue sous le soleil qui brille

Que s'est-il donc passé
Pour quitter mon arbre, mon murier ?
Pour ce cocon plissé, rigide comme l'acier
Suspendue, seule et contrariée ?

Pourtant la forêt tenait ses promesses
Feuilles, Sèves, sucs et tant de largesses
Amitiés, rires et belles prouesses
Mes fils d'or témoins de mes richesses

Un jour, pourtant au réveil
Je sentis un changement
J'ai déployé de magnifiques ailes
Et j'ai joué d'enchantement

Quelle fée si généreuse
M'a offert, cette beauté ensorceleuse ?
Me voilà, volant, riant, tournoyant
Insouciante et vaniteuse

Quel beau papillon, que voilà
Dit le chasseur d'impalas
Je n'aurais ni repos, ni sommeil
Si je ne possède cette merveille

Ma beauté me fut fatale

Convoitises, ruses et tout un arsenal

Filets, pièges, venin de crotale

Ma mort se joue en festival

Ma vie est l'éphémère

Point de projets, ni de barrières

Je m'en vais sans un regard en arrière

De l'amour, je garde le goût amer

Aveux

C'est vrai que j'aurais dû écouter
Les bien-pensants et les érudits
Qui savaient, ô combien, tuer
Les rêves et toutes les fantaisies

C'est vrai que je l'aimais
Son départ est une plaie
En attente d'un inespéré retour
Je fabriquais des philtres d'amour

C'est vrai qu'on me prenait pour folle
Errant sur les plages désertes
Pénélope, cherchant son envol
Parfois en pleurs, souvent inerte

C'est vrai que j'aurais dû m'éloigner
Des chimères et m'épargner
Les affres de la solitude
Et l'avalanche d'incertitudes

Mais la vie, c'est quoi ?
Suivre son cœur et ses émois
Ce n'est pas prendre des risques ?
Fuir la musique rayée d'un disque

L'amour n'est qu'un leurre
Une émotion qui fait peur
Ainsi pensent les lâches
Qui croient vivre sans attaches

Mais l'amour est un doux sentiment

Qui ouvre la porte des possibles

Qui s'affranchit des pourquoi et des comment

Et rend la vie indescriptible

Dualité

Il y a des hommes courage

Et il y a des hommes mirages

Il y a des hommes refuges

Et il y a des hommes subterfuges

Il y a des hommes amis

Et il y a des hommes aigris

Il y a des hommes jardins

Et il y a des hommes mesquins

Il y a des hommes hommage

Et il y a des hommes naufrage

Il y a des hommes soldats

Et il y a des hommes forçats

Il y a des hommes amitié

Et il y a des hommes liberté

Il y a des hommes qui transcendent

Et il y a des hommes qui descendent

Il y a des hommes miroirs

Et il y a des hommes rasoirs

Il y a des femmes douceur

Et il y a des femmes candeur

Il y a des femmes complices

Et il y a des femmes délices

Il y a des femmes foyers

Et il y a des femmes noyées

Il y a des femmes sublimes

Et il y a des femmes ultimes

Il y a des femmes patience

Et il y a des femmes errance

Il y a des femmes rebelles
Et il y a une femme éternelle
Il y a des femmes conquises
Et il y a la femme que l'on vise

Il y a des femmes aimées
Et il y a la femme que l'on aime
Il y a des femmes démunies
Et il y a la femme patrie

Il y a l'amour rêvé
Il y a l'amour vécu
Il y a l'amour secret
Et il y a l'amour défait

Il y a l'amour souffrance

Et il y a l'amour délivrance

Il y a l'amour qui fuit

Et il y a l'amour qui reste

Il y a l'amour magie

Et il y a l'amour qui déleste

Il y a les longtemps et les toujours

Et il y a les départs sans retours.

Rupture

Ce soir, c'est un peu patraque
Que je te livre mon cœur en vrac
Il fallait que je contre-attaque
Je me défends, j'ai la niaque

Ce soir je t'ai en grippe
Un gros chagrin, mon cœur agrippe
Avec mon monologue et mes répliques
Je t'adresse mes suppliques

Ce soir, c'est une claque
Une révolte, une dague
Je t'appelle et je divague
Mon mal d'amour, le ressac et les vagues

Ce soir, tu te rappelles ?

Des murmures doux et sensuels

Ta voix et ses merveilles

Mes larmes et le chagrin que je cueille

Ce soir, je pars en vrille

Fini l'amour et ses bisbilles

Fini la légèreté et la vanille

Je te pleure et je crie

Ce soir je suis patraque

Fendue, je quitte la baraque

Je m'en fou des signes du Zodiaque

Je sauve mon cœur qui se détraque.

Paradis perdu

Tout le monde rêve de l'Éden
Mais mon Éden, c'est toi
Imaginé et indescriptible
À portée et inaccessible

Tantôt tu es au bout de mes doigts
Tantôt, un songe
Une présence qui dérange
Un mal qui me ronge

Le jardin parfumé
De nos amours est en friche
Les fleurs fanées, se nichent
Au fond des bois, abandonnés

Le ciel jadis étoilé
S'habille de noir et de gris
Porte le misérable deuil
Inconsolable, couronne de chrysanthèmes.

Constat

C'est avec regret que je t'annonce
Qu'après toi ma vie balance
Entre tristesse et redondance
Sans toi, le monde est sans réponse

Je décrète sans être fière
Que ton absence est délétère
Mon cœur, mes larmes perles de rivières
Se meurent de tes effets secondaires

Tu n'avais pas le droit
De venir me chercher
Ton jeu était adroit
Et j'étais trop attachée

Que vais-je faire de ma vie
Tu m'as condamnée à l'ennui
Hier tu m'as enlevée en corsaire
Et mon amour était sincère

C'est avec regret que je t'annonce
Que plus jamais et par avance
Je refuse tes stratagèmes et tes non-sens
Moi, je t'ai aimée à outrance

Écoute mes baisers
Ils parlent de manque et de passion
Chuchotent à tes lèvres mes lamentations
Déposent sur ta langue, mes envies et mes privations

Au jeu de la vie et du hasard
On s'est lié, trop fort, un soir
Je croyais que c'était pour toujours
Et toi, tu ne croyais pas en l'amour

Ce qui reste de moi
C'est l'amertume et les cendres
Nos liens tissés de soie
Étouffent sous les décombres

Ephémère

Demande au vent de mes nouvelles
Il te racontera l'errance et le dénouement
Demande au soleil de mes nouvelles
Il te contera la soif et l'acharnement

Demande à l'eau de mes nouvelles
Elle te décrira la beauté des aquarelles
Demande à la lune de mes nouvelles
Elle te racontera le chant des hirondelles

Demande à l'étoile de mes nouvelles
Elle te décrira l'odeur de la cannelle
Demande à la terre, c'est ma jumelle
Elle te chantera la complainte charnelle

Demande au feu qui je suis
L'astre qui émerveille et qui luit
J'ai perdu mes énergies
A courir les rêves d'autrui

Demande à la mer, mon nom
Sirène éprise d'un brigand
Maudite fille de Poséidon
Victime de fatale attraction

Sœur illégitime d'Icare
Perdue dans un traquenard
La passion en étendard
Elle a compris trop tard

Demande au vent de mes nouvelles
Il te racontera mes mille et une vies
Demande au soleil de mes nouvelles
Il te donnera la liste de mes envies

Demande à l'eau de mes nouvelles
Elle te contera mes rêveries
Je suis le papillon et la gazelle
Je disparais sans faire de bruit.

Épîtres

Écris- moi des lettres car personne n'écrit plus
Qu'elles soient longues et belles
Annotées de calligrammes
Parle- moi des fleurs, oublions les drames
Écris- moi des lettres
Innocentes ou enflammées
Couche tes sentiments sur le papier
Car seul l'écrit reste
De l'émotion manifeste
Te lire à l'infini
Résister au temps et l'oubli
Est le plus beau geste
Dis- moi que je te manque
Invente des mots qui démontent
Mon cœur de son fardeau
Je suis ta méduse sur le radeau[5]

---

[5] Allusion au tableau du peintre et lithographe romantique français Théodore Géricault (1791-1824)

Crie, pleure, supplie
Que je te revienne
Jure, soupire et blasphème
Maudit ma vie de bohème

Envoie- moi tes missives
Froissées, Imbibées de parfum
Ton odeur suave qui rappelle le pin
Le citron, la bergamote et le bois de santal
Et qui efface la distance et le chagrin
Tes effluves marines, mon capitaine
Et ton absence que je chante en rengaine
Si loin, mon aventurier, mon amiral
Je reste ta captive, ton animal

Et si un jour

Et si un jour
On te parle de moi
Dis que je l'ai vu
Je ne la connais pas
C'est peut-être
L'amour de ma vie
Tu sais ces choses là
On ne les dit pas
Nos certitudes
Apparaissent après
La disparition de l'ivresse

Et si un jour
On te parle de moi
Dis que c'est son sourire
Que je retiens
Ses yeux, témoins de ses délires
Et qui me font du bien

Ses rires sonores
Qui me manquent
Encore et encore

Et si un jour
On te parle de moi
Je suis la femme rêvée
La maitresse tourmentée
Qui chamboule tes états
L'ombre discrète
Qui longtemps
T'a pris la tête

Et si on te parle de moi
Dis-leur nos confidences
Nos promesses et la confiance
Nos moments d'errance
Et nos secrets d'enfance

Et si on te parle de moi
Pense à la menthe et au réséda
A nos pensées parfumées
Malmenées par la vie
Du bonheur, ennemies
Pense aux espoirs teintés
De bougainvilliers et de cédrat

Si on te parle de moi
Ecoute les vagues et la mer
Tous les mots enfouis
Depuis longtemps partis
Et que la marée basse
A effacé leurs traces

Et si on te parle de moi

Pense au soleil

A la chaleur de nos réveils

Quand il est au Zenith

Et qu'il révèle nos solitudes

Qu'il cache et qu'il abrite

Quand on te parle de moi

Oublie la fin de notre histoire

Tout ce qui inutile et vain

Les disputes et les chagrins

Nos rêves sans lendemains

Perdus sur le chemin

Dis-leur, combien le temps est assassin.

Blues

J'ai le bleu de toi
Chaque goutte de pluie me rappelle
Nos éclats de rire, nos caresses
Et tes baisers au gout cannelle

J'ai le bleu de toi
Chaque arbre est une écharde
De souvenirs
Dans chaque doigt

J'ai le bleu de toi
Tes yeux, tes lèvres,
Tes mots d'orfèvre
Qui tissent mes émois

J'ai le bleu de toi
De ton corps
Epuisé
Dans mes draps

J'ai le bleu de toi
Mes larmes
Mes doutes
Se font l'écho de ta voix

J'ai le bleu de toi
Les souvenirs
S'inclinent, se retirent
Les ingrats !

J'ai le bleu de toi
Caresses
Quand je me laisse
Dans tes bras

J'ai le bleu de toi
Vent, tempête, muette
Nuit
Je meurs de froid

J'ai le bleu de toi
Murmures, torrides
Frôlements languides
Abandonnés aux pourquoi

J'ai le bleu de toi
Ma vie est vide
Mon âme avide
Te crie
Reviens-moi !

Sortilège

J'ai convoqué la foudre
J'ai éloigné le soleil
J'ai invoqué les ténèbres
Et chasser le goût du miel

Je ne veux plus te voir
Ma colère est démentielle
J'ai cassé tous les miroirs
Qui me contaient des merveilles

J'ai convoqué la foudre
Pour apaiser ma douleur
J'ai invoqué la noire poudre
Et j'ai tout lié de ficelle

J'ai récité mes incantations
Hurlé mon sort à la nuit
J'ai murmuré doucement
Crié sans faire de bruit

Abracadabra !

Hurlements de chouette
Racine de Mandragore
À raison ou à tort
Et miroir aux alouettes

J'ai convoqué le vent
Et joué de ses tornades
Pour apaiser mon âme
Et oublier tes incartades

Le tourbillon du monde
N'est qu'un murmure
Face à ma colère qui gronde
Et le chaos qui t'aspire

Fallait pas que je t'aime
Je t'avais prévenu
Que j'étais une sorcière
Et non une ingénue

Tu n'en fais qu'à ta tête
Mes avertissements t'amusent
T'as défié mes amulettes
Et tu as moqué ma maîtrise

Je suis l'infâme

Manipulatrice

L'immonde tentatrice

Je suis le feu et la flamme

Je te jette un sort

Pour l'éternité

Amoureux d'une fée

Condamné à perpétuité

Fallait m'écouter

Je suis impétueuse

Indomptable furie

Juste une femme amoureuse.

Les amants maudits

Dis-moi as-tu déjà rêver d'une femme ?
Pas, les passantes qui réchauffent ton lit
Le temps d'une nuit
Pour tromper l'ennui

J'arrive !
Je me rapproche de toi
Doucement
Pas à pas

Le temps de traverser mes malheurs
De retrouver force et ardeurs
Le temps d'enterrer mes rêves
Et d'apprendre de mes erreurs

Sais-tu déjà à quoi je ressemble ?

Je suis une vieille femme

Dans un corps qui tremble

Dont la jeunesse n'est qu'un souvenir d'âme

Toi et moi

On se connaît

Depuis longtemps

On a déjà partagé

La nuit des temps

Nos rires, ne sont plus qu'échos

Nos corps usés, abusés

Par les larmes, épuisés

Ont oublié la pureté, le beau

On nous a tellement
Menti
Traîner dans la boue du monde
Illusions et tromperies fécondes

Sais-tu que j'arrive ?
Mon épaule, décharnée
Te sera plus douce
Que le plus grand des palais

Je t'ai entendu
Sur la terrasse, crier
Te pensant muet
Tu as déchiré l'humanité

Je connais le goût de tes larmes
J'en ai tant versé
User mes charmes
Et ma voix cassée

La lune me montre le chemin
Que tu as tracé
Défiant le destin
Pour tenter de m'embrasser

Non je ne suis pas jolie
Je suis hideuse
Sombre, malheureuse
Mais indispensable à ta vie

Je suis fissurée, démolie
Et toi aussi
Tu vas me réparer
Et moi aussi

Notre amour n'est pas un conte
De fées qui disjonctent
Ni histoire de macchabées
Qui déambulent, hébétés

C'est l'histoire vraie du monde
Celle que l'on ne raconte pas aux enfants
Sans fioritures ni Sarabande
Cœurs sensibles, Attention !

Nous sommes les maudits amants
Nos veines ont mélangé nos sangs
Nous ne serons jamais dans vos rangs
Chacun à l'autre, sa vie en testament.

Requiem en fleurs

Ce matin je me suis levée tôt
De toute façon, je ne pouvais pas dormir
J'ai regardé mon miroir
Je n'y vis, rien de beau

J'ai souri

Ce matin je me suis dépêchée
J'ai coiffé mes longs cheveux
Tu les aimais tant
Et pourtant, il pleut

J'ai encore souri

Ce matin, un oiseau s'est posé près la fenêtre
Te souviens-tu de ce chant ?
Je restais là à écouter
Son dernier requiem, champêtre

J'ai pleuré

Ce matin, il faisait gris
Le ciel en avait plein la tête
Je me rappelle la mésange, le colibri
Et j'ai pensé aux jours de fête

Le café est froid

Ce matin, les autres
Me regardent
Mes rêves se lézardent
Le doute s'invite

J'ai les yeux qui pleurent

J'ai encore regardé mon miroir
C'est décidé, je vais sortir
Le marché regorge de monde
C'est la foire aux souvenirs

J'ai acheté des bégonias

Je me suis promené au parc
Qui pullule d'enfants
Que nous n'aurons jamais
J'ai fait encore, semblant

Non, ne ris pas

Ce matin, j'ai mis le bouquet
En terre
Chaque fleur à un endroit
Éparpillée selon mon humeur

Tu sais, je suis comme ça

Ce matin, j'ai rangé la chambre
J'ai changé les draps
Témoins passifs
De tous nos ébats

Je soupire

Ce matin, je m'assois
Déjà fatiguée d'attendre
Sur la vielle chaise en bois
Notre amour est en cendres

Je n'y crois pas

Ce matin, ma peau se ride
Mes doigts sont tremblants
Je porte des talons
Qui cache ma vie, aride

J'ai mal

Ce matin, encore un
Je me lève tôt
Comme d'habitude
Je t'attends

On sonne à la porte

Je cours ouvrir
À perdre mes pas
C'est le fleuriste qui
Parle tout bas

Je suis sourde

C'est notre jour
Que faites-vous là ? il chuchote
C'est un aller sans retour
Il ne reviendra pas

Je ne l'entends pas

Mais, ce matin,
Je me suis levée tôt
J'ai préparé la chambre
Et je t'attends

Je suis essoufflée

Ce matin, quelqu'un
Lui a dit
Que je l'ai attendu, vingt ans
Crié, hurlé par tous les temps

Sordide

Dans cette chambre blanche
Aux murs blancs
De l'hôpital
Où j'ai perdu notre enfant

Je suis morte.

Sommaire

Dédicace

Avant-propos

Je me présente 1
A toi 3
Lagrimas Negras 5
Dérive 8
Apesanteur 10
Chant d'automne 11
L'été 14
La mer 16
Mots indisciplinés 20
Portrait chinois 24
Définition 31
Regards 33
Le père 36
Femme 38
Féminine plurielle 42
Joueuse 45
Antidote 49
Poème-Papillon 51
Aveux 54
Dualité 57
Rupture 61
Paradis perdu 63
Constat 64
Ephémère 67
Epîtres 70

Et si un jour 72
Blues 76
Sortilège 80
Les amants maudits 84
Requiem en fleurs 90

Remerciements

Cet ouvrage est maintenant terminé, j'espère que vous avez passé de bons moments

Je tenais à remercier toutes les personnes qui ont cru en moi et m'ont encouragées, qu'elles trouvent ici l'expression de ma reconnaissance et ma gratitude

Si vous souhaitez échanger avec moi ou laisser votre avis n'hésitez pas à m'écrire

auteurelylianezar@gmail.com

Dépôt légal : Juillet 2022